Ute & Tilman Michalski

Pipo Holzkopf

Kinderleicht basteln mit Holz

arsEdition

Die Deutsche Bibliothek – CIP-Einheitsaufnahme

Pipo Holzkopf : kinderleicht basteln mit Holz / Ute & Tilman Michalski. - München : Ars-Ed., 1998
ISBN 3-7607-5505-4

Nach den Regeln der neuen Rechtschreibung

Text und Fotografien: Ute Michalski
Gesamtgestaltung und Illustrationen: Tilman Michalski
Redaktion: Sibylle Lehmann
Ausstattung und Herstellung: arsEdition, München
Printed in Germany

ISBN 3-7607-5505-4

Inhalt

Beim Flussfischer

Unten am Fluss hat ein seltsamer Fischer sein Bootshaus aufgestellt: Ein aufgeschnittener Zitronenbeutel dient ihm als Netz und ein Knoblauchsäckchen als Fischreuse. Wo mag er stecken, der kleine Wicht? Hält er gerade sein Mittagsschläfchen unter den schattigen Lattichblättern am Ufer? Lass ihn schlafen und mach dich leise auf die Suche nach kleinen Zweigen für eine eigene Hütte.

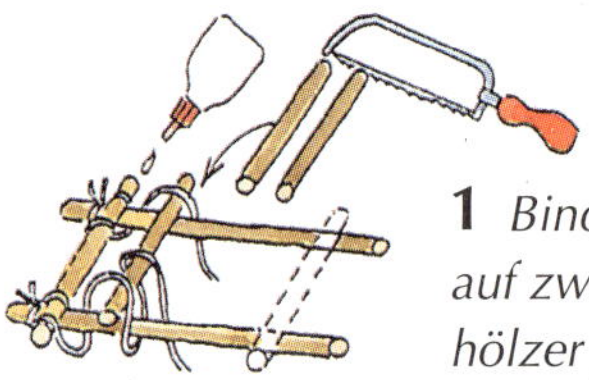

1 *Binde und klebe auf zwei Längshölzer gleich lange Querhölzer für den Hüttenboden.*

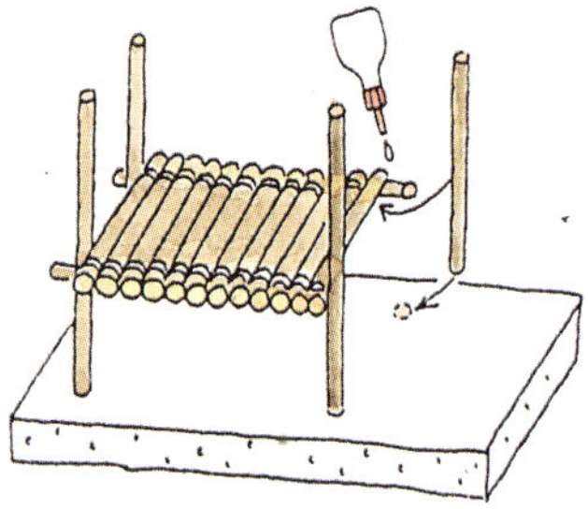

2 *Stecke in ein Stück Styropor 4 Stützen, zwischen denen der Hüttenboden befestigt wird.*

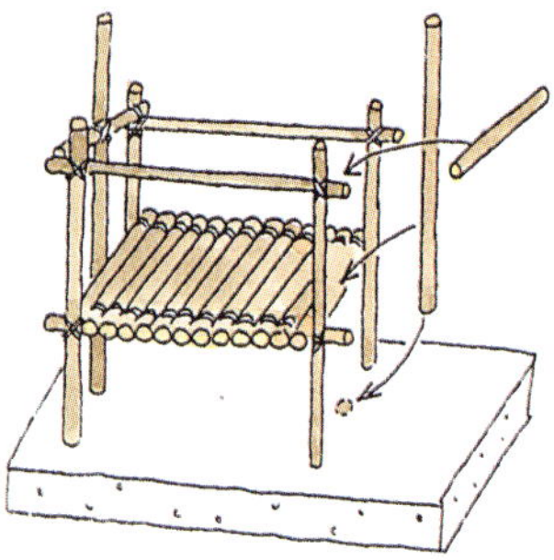

3 *Stecke 2 längere Hölzchen, wie die Zeichnung zeigt, als Giebelstütze ins Styropor. Verbinde die 4 anderen Stützen oben mit Querhölzern.*

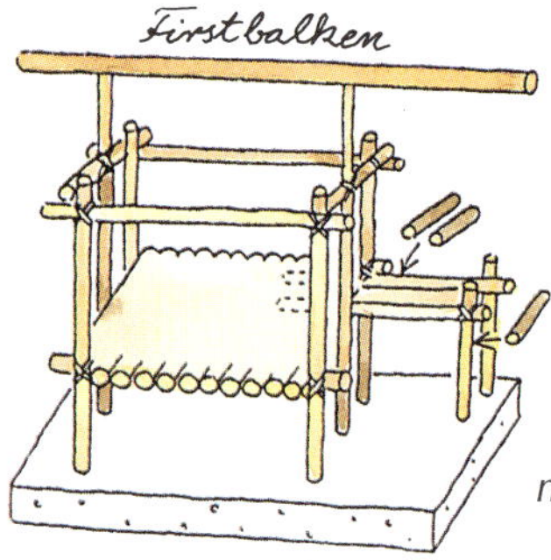

4 *Klebe den Firstbalken auf die Giebelstütze. Schiebe kürzere Hölzer für den Steg unter den Hüttenboden, klebe sie fest und verbinde sie mit senkrechten Stützen.*

- trockene Zweige
- Bügelsäge
- Holzleim, schnelltrocknend oder Klebepistole
- Schere, Schnur
- Stück Styroporplatte

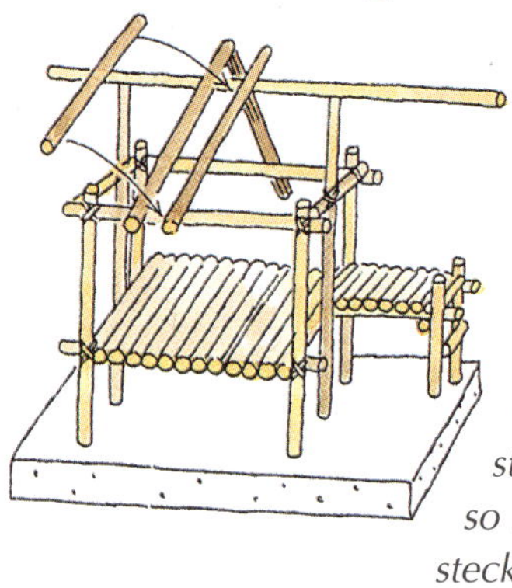

5 *Decke das Dach abwechselnd von jeder Seite mit oben überstehenden Hölzern. Fülle die Lücken mit kürzeren Zweigstücken. Lass die Hütte so lange im Styropor stecken, bis du sie zum Wasser getragen hast.*

Strandgut-Spielerei

Wenn am Strand kleine Holzbrettchen angespült werden, sind ihre Kanten und Ecken bereits von Meerwasser und feinem Sand schön rund geschliffen und deutlich zeigt sich die Holzmaserung. Mit wenigen Handgriffen und etwas Farbe kannst du dir ein kleines Spielzeug daraus basteln.

Nixenkind

1 Verwandle ein Holzstück mit drei Sägeschnitten in ein Nixenkind: Säge 2 Mulden für die Schultern und einen Keil für den Nixenschwanz aus.

2 Feile die Sägekanten rund.

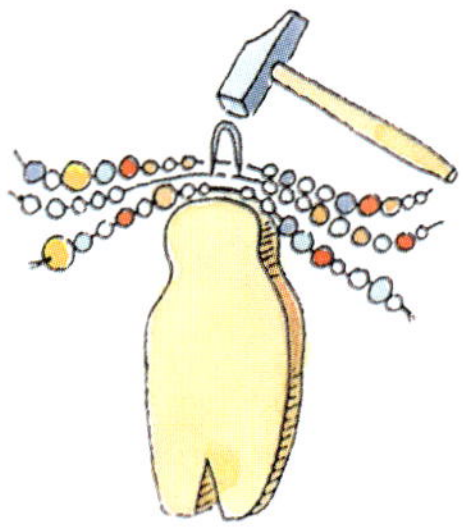

3 Fädle kleine Perlen auf und knüpfe die Perlenschnüre an einen Nagel, den du in den Nixenkopf geschlagen hast. Der Nagel wird anschließend umgeklopft.

4 Bemale die kleine Nixe mit wasserfester Farbe, dann kannst du sie zum Baden auch mit in die Wanne nehmen.

Nixenkind:	
Schwemmholz	Perlen
Laubsäge	Nagel
Feile	Hammer
Schnur	Acrylfarbe
	Pinsel

Wal:	
Schwemmholz	großer Nagel
Feile	getrocknetes Tangstück
Holzleim	Tusche
Klebeband	Pinsel

Wal

1 Klebe ein kleines Holzstück, das du mit der Feile an einer Kante abgeflacht hast, an ein großes, fischförmiges Brett.

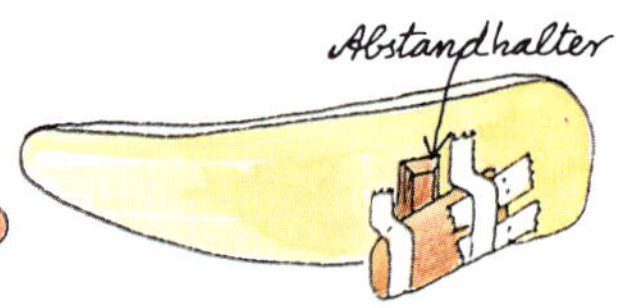

2 Klemme ein Hölzchen als Abstandhalter hinter die Flosse und befestige alles mit Klebeband so lange am Fischkörper, bis der Leim getrocknet ist. Das Gleiche machst du mit der zweiten Flosse auf der anderen Seite.

3 Steche mit einem großen Nagel ein Blasloch in den Fischkopf und klebe ein Stück Tang als Wasserdampfwolke hinein. Bemale den Fischkörper mit Tusche.

Arche Noah

Noah hat gerufen und es sind gekommen: Herr und Frau Elefant, das Ehepaar Fuchs, die gefleckte Kuh mit ihrem bunten Stier und alle übrigen Tiere. Weil es gar so viele waren, haben Noah und seine Brüder gleich mehrere Hausboote gebaut und alle Tiere vor den regenschweren Wolken in Sicherheit gebracht.

1 *Zerlege eine große Obstkiste in einzelne Bretter: Heble die Krampen mit dem Spitzbohrer hoch, bis du sie mit der Beißzange fassen und herausziehen kannst. Sei vorsichtig beim Umgang mit dem Spitzbohrer! Achte darauf, dass deine Hand, die die Kiste festhält, immer hinter dem Spitzbohrer liegt.*

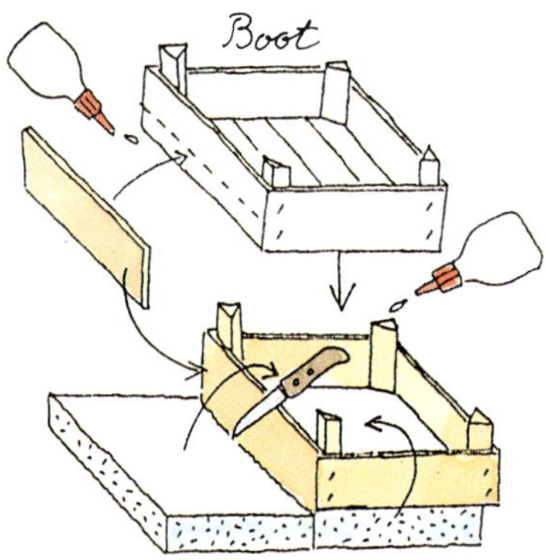

2 *Schneide mit einem Messer aus der Styroporplatte 1-2 Stücke, drücke sie in die zweite große Obstkiste und klebe die dritte darüber. Überklebe den Spalt zwischen den Kisten mit Obstkistenbrettern.*

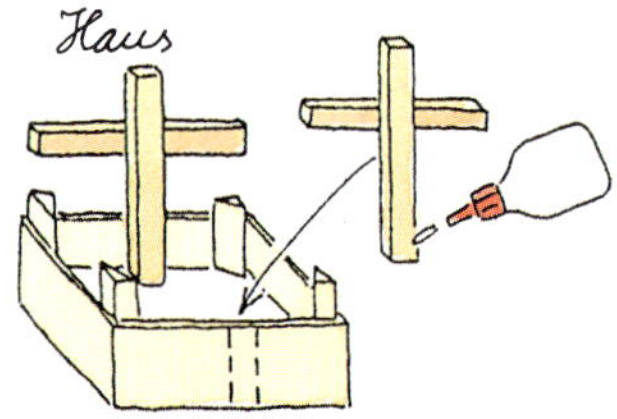

3 *Klebe in die kleine Obstkiste zwei Kreuze aus Leisten.*

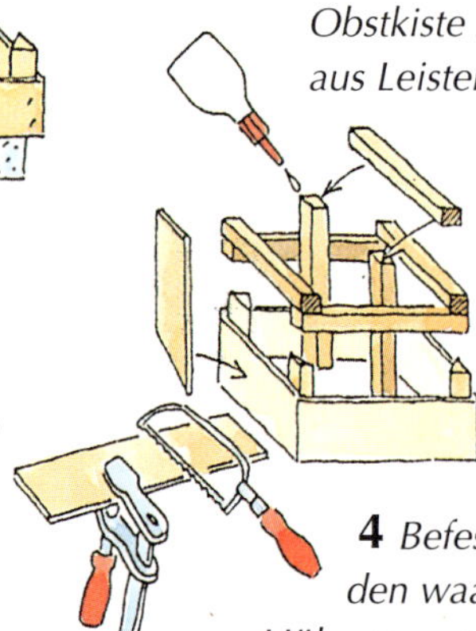

4 *Befestige auf den waagerechten Hölzern zwei Leisten und auf den senkrechten Hölzern eine weitere Leiste als Firstbalken. Beklebe die Wände mit zugesägten Brettern.*

5 *Decke das Dach mit Obstkistenbrettern und setze das Haus in das Boot.*

Arche:
3 große Obstkisten
1 kleine Obstkiste
Spitzbohrer
Beißzange
1 Styroporplatte, 5 cm stark
Messer
Leiste, ca. 1,5 m x 1,5 cm x 5 mm
Holzleim, wasserfest
Bügelsäge

Tiere:
Leiste, 30 x 1 x 1 cm
Sperrholz, 3 mm stark
Schraubzwinge
Laubsäge, Sägeblätter (Nr. 4)
Dispersionsfarbe
Pinsel, Holzleim

6 *Säge mit der Laubsäge aus 3 mm starkem Sperrholz deine Tiere aus. Bemale sie mit wasserfester Farbe und leime sie, damit sie stehen können, zwischen zwei Leistenstücke.*

<u>Tipps zum Laubsägen</u>:
Lass dir beim Einspannen des Sägeblatts von einem Erwachsenen helfen. Säge nicht mit Kraft, sondern ziehe die Säge locker von oben nach unten. Drücke die Säge nicht nach vorne! Wenn du um die Ecke sägen musst, sägst du auf der Stelle auf und ab und drehst dabei langsam die Säge in die neue Richtung.

Pipo Holzkopf

Der kleine Pipo und sein Onkel, der edle Cyrano, sind aus dem gleichen Holz geschnitzt. Beide stammen vom alten Geschlecht der Schlenkerpuppen und Marionetten ab. Bindest du sie an eine Schnur oder ein Spielkreuz, kannst du ihnen das Laufen beibringen und mit ihnen auf Abenteuertour gehen.

- Schwemmhölzer oder Ast- und Holzabfallstücke
- Ringschrauben
- Spitzbohrer
- Flachzange
- Rundzange
- Messer
- Bügelsäge
- Stoff und Schere
- Nadel und Faden
- Holzleim
- kleine Nägel
- Hammer
- kleine Schrauben
- Nylonschnur
- Dispersionsfarben
- Pinsel
- Haargummi aus Stoff

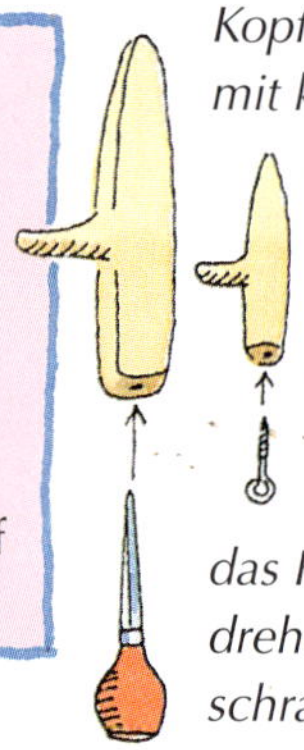

1 *Suche für den Kopf ein Holzstück mit kleiner Astgabel aus. Diese wird die Nase. Steche mit dem Spitzbohrer von unten ein Loch in das Kopfstück und drehe eine Ringschraube ein.*

2 *Dann öffnest du eine zweite Ringschraube etwas mit einer Rundzange. Diese drehst du in ein längliches Holzstück und hakst es an das Kopfstück. Drücke mit der Flachzange die Ringschraube wieder zusammen.*

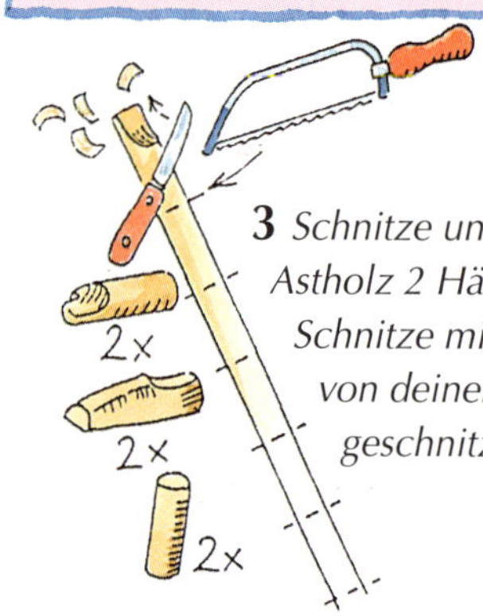

3 *Schnitze und säge aus fingerdickem Astholz 2 Hände, 2 Beine und 2 Schuhe. Schnitze mit dem Messer immer weg von deinem Körper! Säge jedes fertig geschnitzte Teil vom Ast.*

4 *Klebe Bein und Schuh zusammen.*

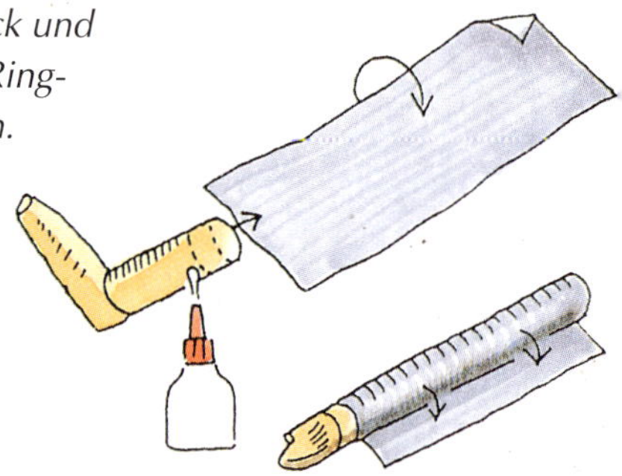

5 *Schneide aus dünnem Stoff 4 Streifen. Klebe und rolle jede Hand und jedes Bein in einen Streifen.*

6 *Klebe und nagle Arme und Beine an den Körper.*

7 *Bemale die Figuren mit Dispersionsfarben. Zur Aufhängung genügt eine Nylonschnur, die um einen Nagel geknotet wird. Den Nagel klopfst du zuvor in die Mützenspitze. Für Pipos Halskrause reihst du einen Streifen Stoff mit einem Faden. Für Cyranos Pluderhose, Ärmel und Hut kannst du stoffbespannte Haargummis verwenden.*

Raufende Ritter

Kaum treffen sich Ritter in einem Haufen, fangen sie an zu raufen. Erst wenn sie etwas Rost angesetzt haben, geben sie Ruh und schauen nur noch zu.

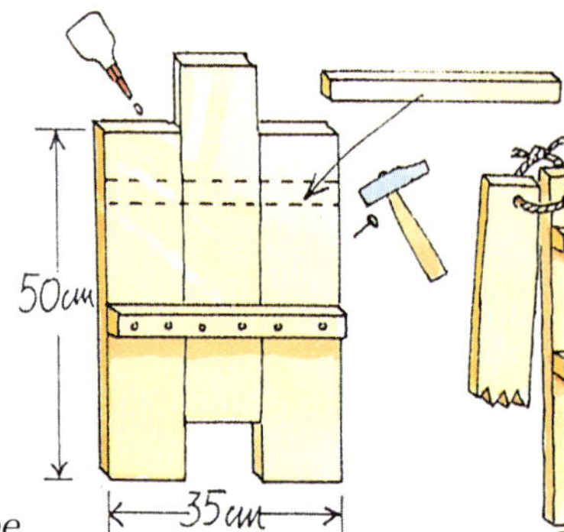

1 *Nagle und klebe 3 Bretter mit 2 Leisten zusammen.*

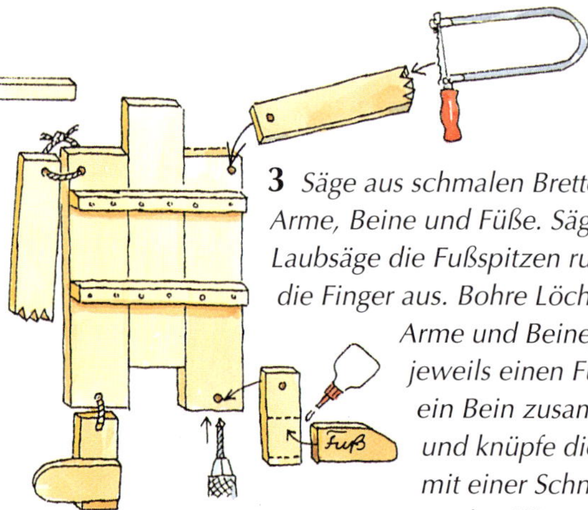

3 *Säge aus schmalen Brettern Arme, Beine und Füße. Säge mit Laubsäge die Fußspitzen rund und die Finger aus. Bohre Löcher für Arme und Beine, klebe jeweils einen Fuß und ein Bein zusammen und knüpfe die Teile mit einer Schnur an den Körper.*

2 *Schraube auf die Rückseite in der angegebenen Schrägung 2 Gurtbänder fest (dein Unterarm muss locker hindurchpassen!).*

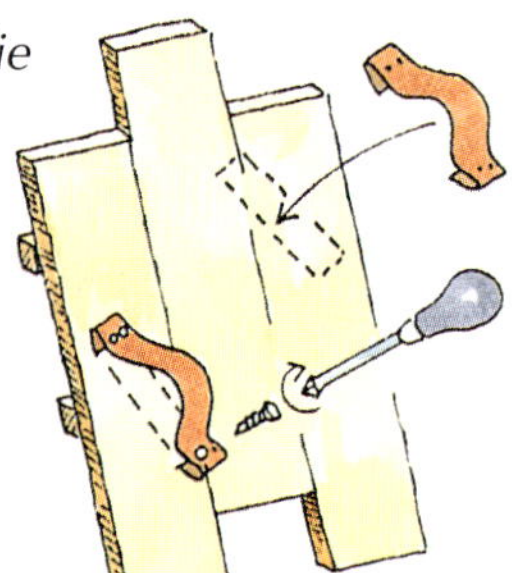

4 *Klebe ein Holzstück als Nase auf und bemale die Figur mit Dispersionsfarben. Schraube von hinten an die rechte Hand des Ritters eine Gurtbandschlaufe für das Schwert. Schmücke den Ritter mit flachgeklopften Kronkorken und Blechdeckeln.*

Nagle eine flachgeklopfte Büchse als Helm auf den Kopf. Befestige mit Klebeband einen Luftballon auf der Brustplatte.

Der Ritter:
- 3 Bretter 50 x 12 x 1 cm (Körper)
- 2 Leisten 35 x 3 x 1,5 cm
- 2 Bretter 35 x 8 x 1 cm (Arme)
- 2 Bretter 20 x 7 x 1 cm (Beine)
- 2 Bretter 12 x 7 x 1 cm (Füße)
- Holzleim
- Nägel (2,5 cm und 1 cm Länge)
- Hammer
- 1 m Gurtband
- 10 Kreuzschlitzschrauben
- Kreuzschlitzdreher
- Laubsäge
- Bohrer ⌀ 6 mm
- Dispersionsfarbe, Pinsel
- Schnur, Büchsen
- Kronkorken
- Luftballon, Klebeband

Das Schwert:
- 1 Leiste 50 x 5 x 2 cm
- 2 Leisten 12 x 3 x 2 cm
- Feinsäge
- Bleistift, Schraubstock
- Raspel, Feile, Stemmeisen
- Hammer, Schleifpapier

Wer selbst ein raufender Ritter werden möchte, kann die Figuren als Schilde verwenden. Durch die rückseitigen Trageschlaufen schiebt man einfach einen Unterarm und schon geht's los. Beim Wettkampf gilt es den Ballon auf der Brust des Gegners zu treffen, ohne dass der eigene zerstochen wird. Es ist gar nicht so einfach, wenn dabei das Schwert nicht von der Hand des Ritters genommen werden darf!

5 Zeichne das Schwert auf und markiere die Stelle für das Heft.

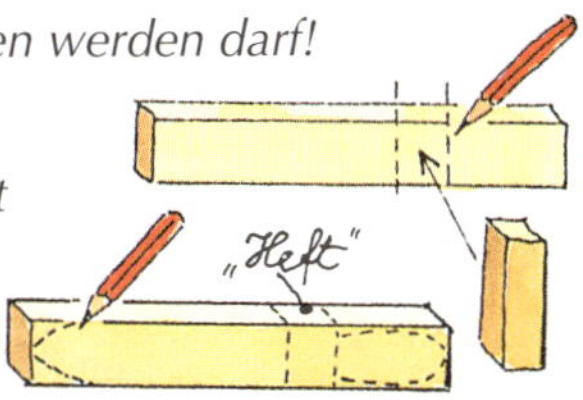

6 Klemme die Leiste im Schraubstock fest, säge die Spitze grob aus und feile alle Kanten rund.

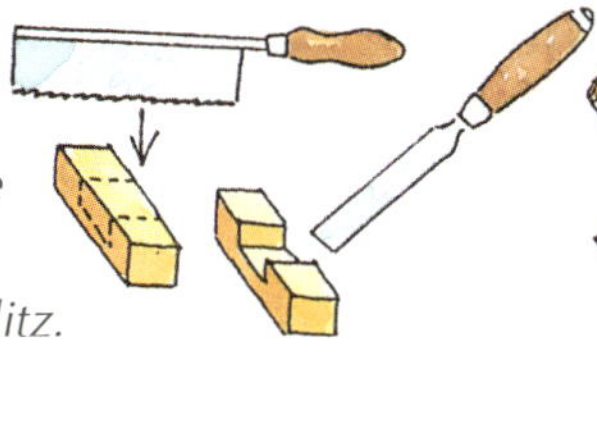

7 Säge und stemme aus der Mitte von beiden Leistenstücken einen 5 cm breiten und 1 cm tiefen Schlitz.

8 Klebe die Leisten von beiden Seiten an das Schwert. Glätte alles mit Schleifpapier.

Federnhaltervogel

Was machst du mit einer gefundenen, schönen Feder? Du kannst sie dir ins Haar stecken, kannst deinen Bruder damit kitzeln – oder sie aufbewahren.
Der hölzerne Vogel ist genau das Richtige für deine Federsammlung! Mit jeder gefundenen Feder wird sein Schwanz prächtiger.

1 *Zeichne den Umriss des Vogels (ohne Schnabel!) auf ein Stück Holzleiste.*

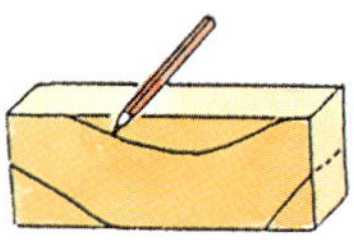

2 *Spanne das Holzstück senkrecht in den Schraubstock und bohre in das Schwanzende mehrere Löcher (Bohrer ∅ 3 mm). Dort können später die Federn hineingesteckt werden.*

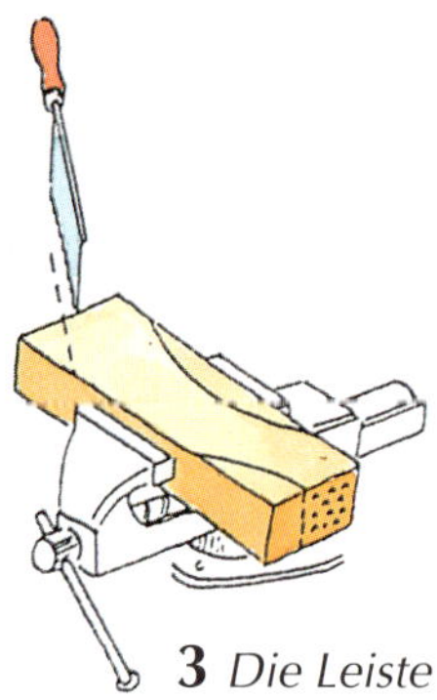

3 *Die Leiste wird nun waagerecht eingespannt mit dem Vogel-Umriss nach oben. Säge mit geraden Schnitten das Holz unter der Brust und dem Schwanz ab.*

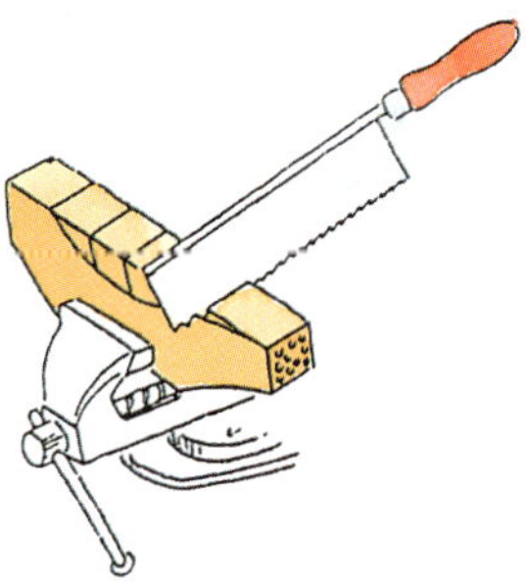

4 *Spanne die Leiste mit dem Vogelrücken nach oben fest und säge sie bis zur Rückenlinie mehrmals ein.*

5 *Klopfe die Holzabschnitte mit Stemmeisen und Hammer aus der Leiste. Entferne die Endstücke mit der Säge.*

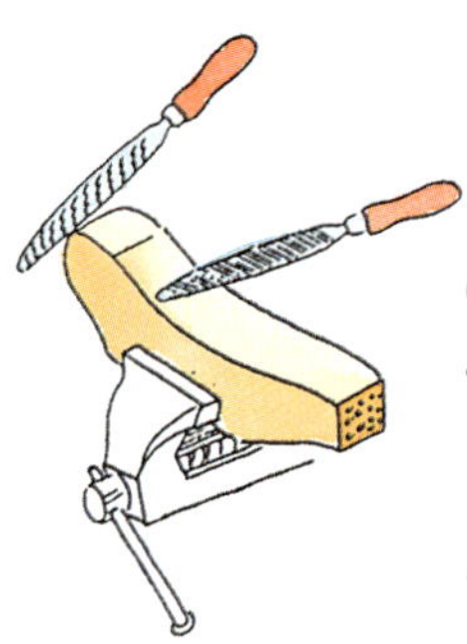

6 *Runde den Kopf und alle Kanten mit Raspel und Halbrundfeile. Glätte den Vogelkörper mit Schleifpapier.*

Holzleiste:	Halbrundfeile
15 x 3,5 x 4,5 cm	Schleifpapier
Bleistift	Rundholz ⌀ 8 mm
Schraubstock	Brett (Holzabfall)
Bohrer ⌀ 3 u. 8 mm	Holzleim
Feinsäge	Dispersions- oder
Stemmeisen	Deckfarbe
Holzhammer	Pinsel, Federn
Raspel	

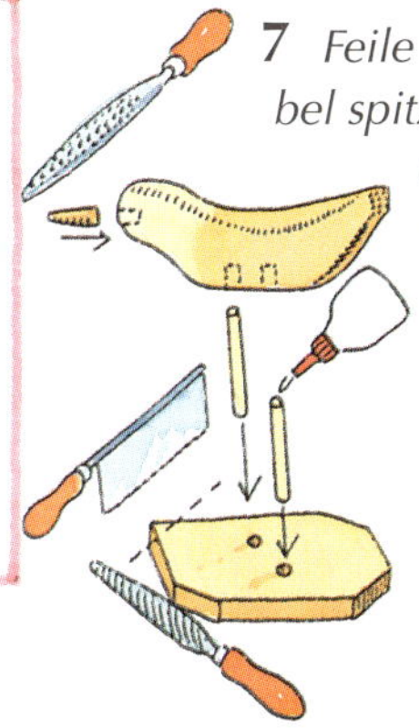

7 *Feile ein kurzes Stück Rundholz als Schnabel spitz zu und säge 2 gleich lange Stücke als Beine vom Rundholz ab. Bohre in Kopf und Bauch 3 Löcher (Bohrer ⌀ 8 mm) und leime die Rundhölzer darin fest. Runde mit Säge und Feile die Kanten eines kleinen Holzbrettes, setze den Vogel auf die Mitte und markiere die Stellen, wo die Beine aufsetzen. Bohre dort 2 Löcher und klebe die Vogelbeine hinein. Dann bemalst du alles.*

Hasendiener

Hilfsbereit schafft er Frühstücks- und Schokoladeneier zum Ostertisch. Nach den österlichen Festtagen dient er als Ablage für Schlüssel und anderen Kleinkram, der nicht verloren gehen soll.

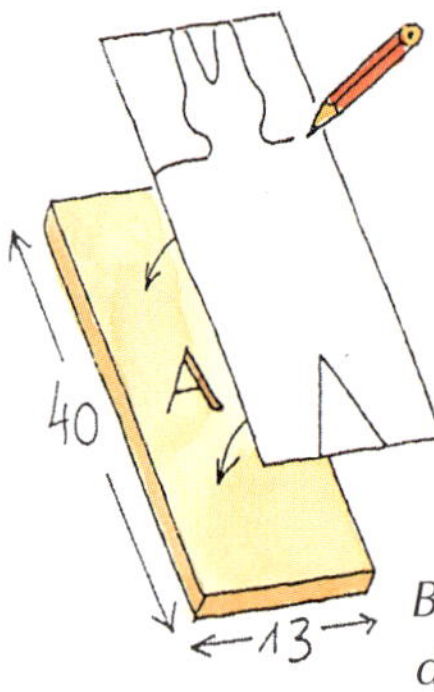

1 Zeichne auf ein Blatt Papier von der Größe des Sperrholzbrettes (A) Kopf mit Hasenohren, Schultern und Beine. Schraffiere die Zeichnung auf der Rückseite mit dem Bleistift. Lege das Papier auf das Brett und fahre die Zeichnung nach. Die Umrisse übertragen sich auf das Brett.

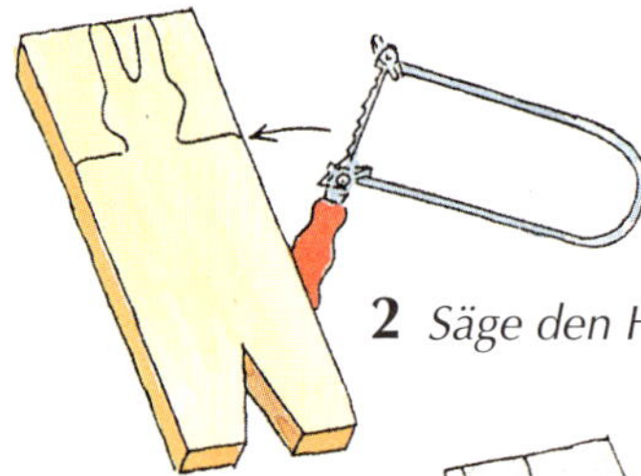

2 Säge den Hasen aus.

Sperrholzbrett (A) 40 x 13 x 1 cm
Sperrholzbrett (B) 15 x 13 x 1cm
Sperrholzbrett (C) 20 x 13 x 1 cm
Sperrholzbrett (D) 13 x 8 x 1 cm
Sperrholzbrett (E) 13 x 2 x 1 cm
2 Leistenstücke 3 x 2 x 6 cm
Papier, Bleistift
Laubsäge, Sägeblätter (Nr. 6)
Schleifpapier, Holzleim
Schraubzwinge, Raspel, Feile
Dispersionsfarbe, Pinsel

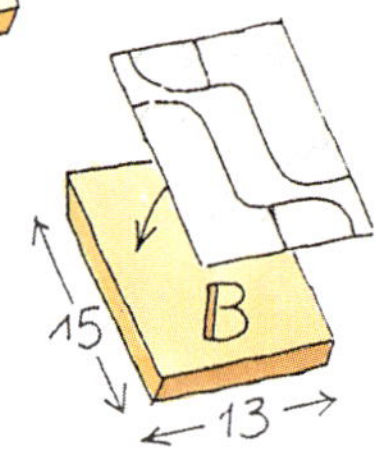

3 Zeichne Arme mit Pfoten auf ein Stück Papier, übertrage die Formen auf das Brett (B) und säge sie aus.

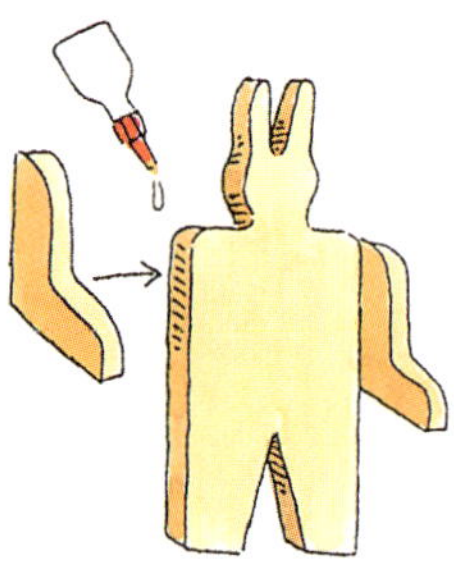

4 Runde alle Kanten mit Schleifpapier, aber nicht an den Klebestellen der Arme und Schuhe! Klebe die Arme seitlich an.

5 Runde die Leistenstücke an einem Ende mit Raspel und Feile zu Hasenschuhen und klebe sie an Beine und Standbrett (C) fest.

6 Klebe das Tablettbrett (D) zwischen die Arme und klebe die Abschlussleiste (E) auf. Bemale alles mit Dispersionsfarben.

Nesthocker

Unter den Apfelbäumen, zwischen den frischen Gräsern, führen Berta, Gacki und Pünktchen ein lustiges Hühnerleben. Jedes Huhn besitzt sein eigenes Nest, in das es die Frühstückseier legen kann.

1 *Falte ein Stück Papier in Brettgröße längs und zeichne auf eine Hälfte ein halbes Oval. Schneide die Form aus dem gefalteten Papier und klappe sie auf.*

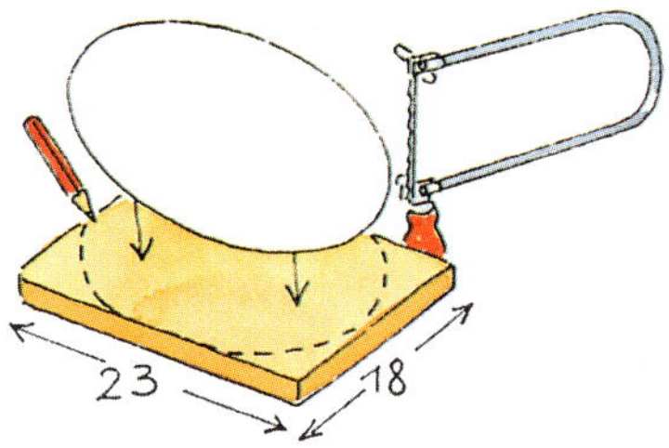

2 *Übertrage das Oval auf ein Brett und säge es aus. Das ist das Nest.*

3 *Zeichne ein Huhn auf Papier, schneide es aus, übertrage die Form auf das zweite Brett und säge sie aus. Ist eine Stichsäge vorhanden, sollte ein Erwachsener diese Arbeit damit ausführen. Runde die Kanten mit Schleifpapier.*

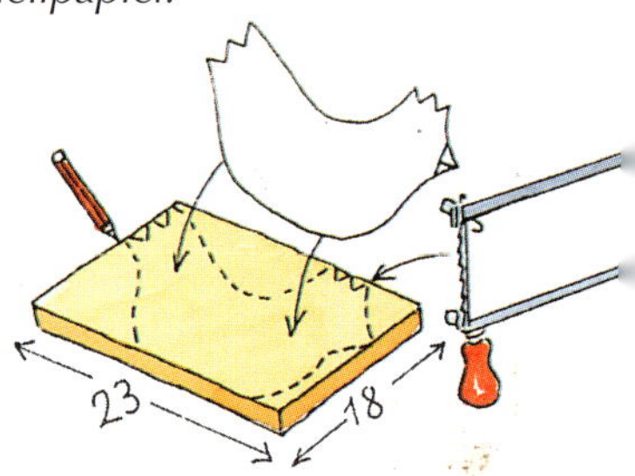

4 *Setze das Huhn auf das ovale Brett und markiere die Klebestelle. Lass dir links und rechts davon je 3 Mulden mit einem Forstnerbohrer bohren. Runde alle Sägekanten mit Schleifpapier ab.*

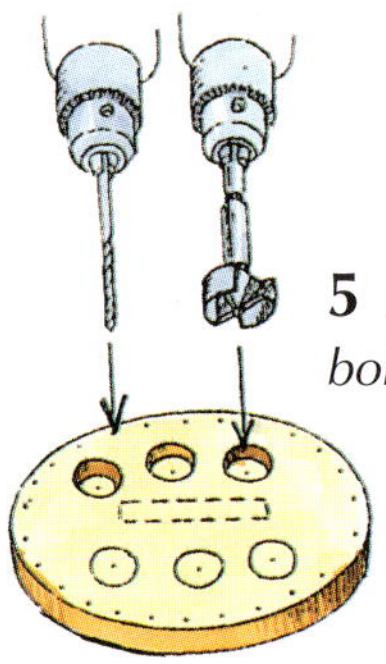

5 *Markiere und bohre Löcher fingerbreit vom Brettrand entfernt für den Nesterrand aus Zweigen. Beim gebogenen Nestrand muss die Zahl der Löcher durch 4 teilbar, beim geflochtenen Rand muss sie ungerade sein.*

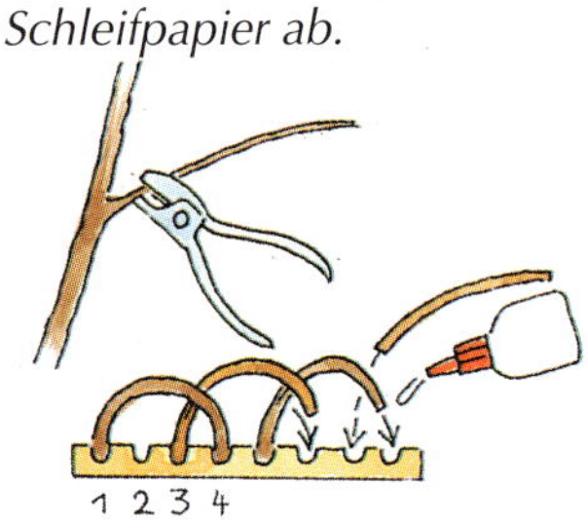

6 *Zwicke mit einer Zange Stücke von jungen Zweigen ab und klebe sie, wie in der Zeichnung zu sehen, in die Löcher.*

Zwicke beim geflochtenen Rand die überstehenden Zweige ab.

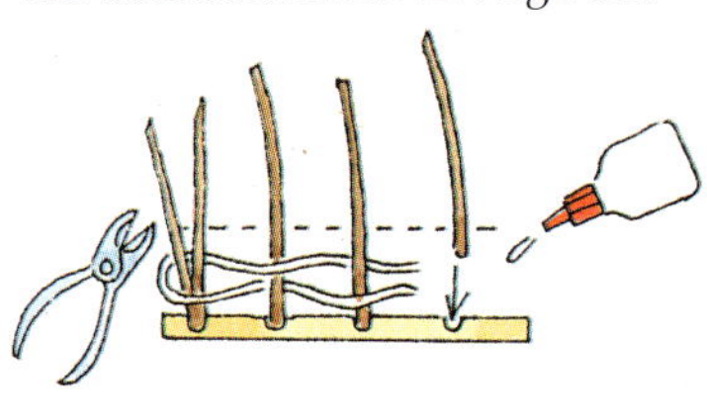

2 Bretter 23 x 18 x 1,5 cm
Laubsäge, Sägeblätter (Nr. 6)
Papier, Bleistift, Schere
Forstnerbohrer ∅ 30 mm
Schraubzwinge
Schleifpapier
Bohrer ∅ 4-6 mm
Zwickzange, Holzleim
frische, dünne Zweige
Dispersionsfarbe, Pinsel
Klarlack

7 Klebe das Huhn ins Nest, bemale alles mit Dispersionsfarbe und besprühe es anschließend mit Klarlack.

Tipp: Wer keinen Forstnerbohrer hat, kann die aus Eierkartons herausgetrennten Eierbecher verwenden und auf das Brett kleben.

Tatzelwurm

Ein kleines Tatzelwurmkind ist aus seiner Felsenhöhle gekrochen und genießt die warmen Sonnenstrahlen auf der Steinmauer. Statt Tatzen und Klauen hat es bunte Rollen und Räder, auf denen es flink davonschlängelt, wenn die kalten Schatten kommen.

Leiste 50 x 4 x 1 cm	Holzleim
Bleistift, Zwinge	Polsternägel, Hammer
Feinsäge, Bohrer ∅ 4 mm	weiße Dispersionsfarbe
Holzabfall, 8 Holzperlen	Acryllack
2 Schaschlikhölzer	Pinsel
Baumwollband	Rundhölzer (∅ 3 u. 5 cm)
(1 cm breit)	2 leere Garnrollen

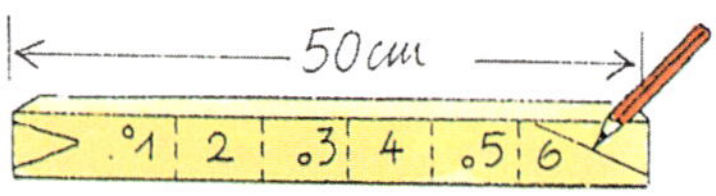

1 *Zeichne auf die Leiste Kopf und Schwanz des Tieres. Teile den Körper in 6 verschieden große Teile und durchbohre Teil 1, 3 und 5.*

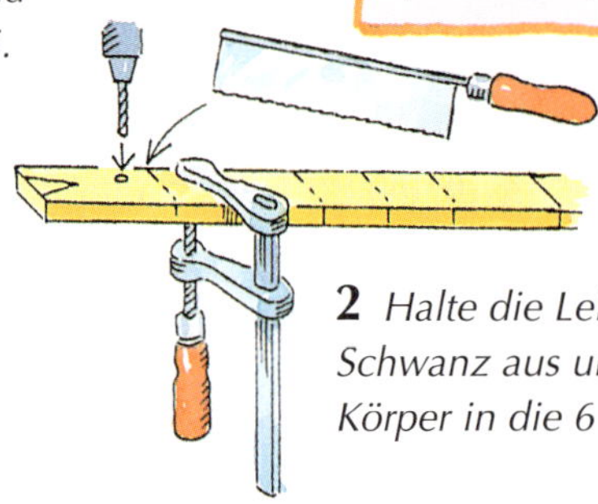

2 *Halte die Leiste mit einer Zwinge fest. Säge Maul und Schwanz aus und zersäge dann mit der Feinsäge den Körper in die 6 Teile.*

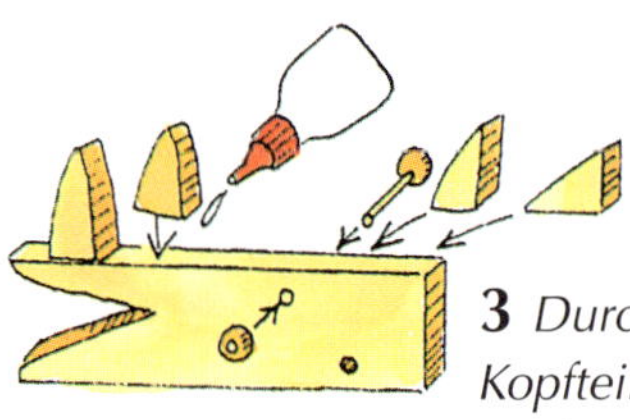

3 *Durchbohre das Kopfteil in Augenhöhe, stecke ein gekürztes Schaschlikholz hindurch und klebe Holzperlen auf seine Enden. Klebe aus Abfallholz Zacken auf.*

4 *Klebe je 2 Streifen Baumwollband, wie die Zeichnung zeigt, an die Holzstücke. Sichere die Klebestellen mit kleinen Nägeln.*

5 *Kreuze die Bänder, klebe und nagle sie an das freie Leistenende des jeweils folgenden Holzabschnitts.*

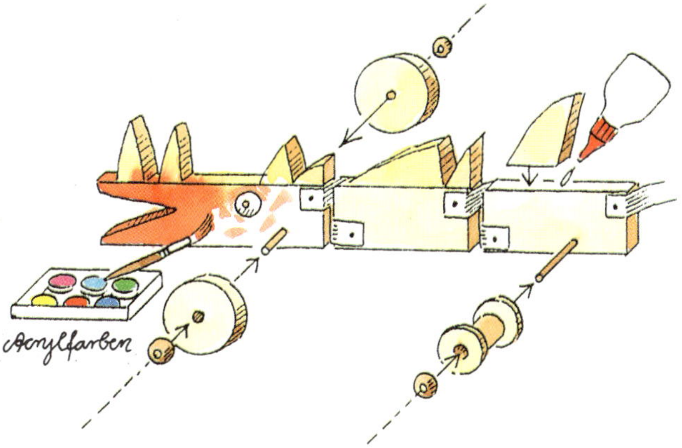

6 *Grundiere mit weißer Dispersionsfarbe und bemale alles mit Acrylfarben. Schiebe Stücke von Schaschlikhölzern durch die 3 Löcher und stecke bemalte Räder aus leeren Garnrollen und Rundholzscheiben (2 x 3 cm, 2 x 5 cm) darauf. Sichere sie mit aufgeklebten Holzperlen.*

Drei Pendelinis

Vater Enrico hat sich mit seinen Söhnen eine besondere Trapeznummer ausgedacht: Dabei schaukelt Dino kopfüber und Giuseppe pendelt am längsten. Lässt du die drei in deinem Zimmer turnen, werfen Lampenlicht oder Sonnenstrahlen ein munteres Schattenspiel an die Wand.

1 *Säge von der Leiste 3 x ein etwa 15 cm langes Stück. Teile jedes Stück, wie gezeigt, in 3 Teile. Das mittlere Teil wird Körper, Kopf und Turnhose. Zeichne auf das untere Teil 2 Beine. Die Füße zeigen aufeinander zu.*

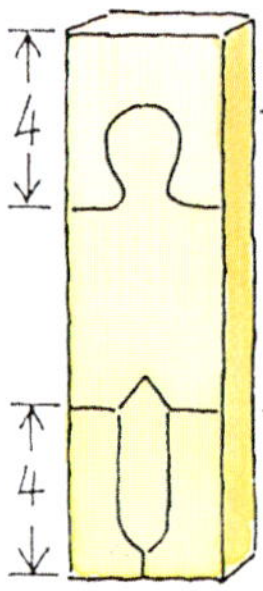

2 *Aus dem oberen Teil ergeben sich jeweils Arm und Hand der Figur. Bohre vor dem Aussägen in die markierten Stellen Löcher. Verwende für die geraden Schnitte eine Bügelsäge, für die geschwungenen eine Laubsäge.*

Leiste 45 x 4 x 1 cm
Bügelsäge, Laubsäge
Sägeblätter (Nr. 4-6)
Bohrer ⌀ 2,5 mm
Bleistift, Zwinge
weiße Dispersionsfarbe, Deckfarben
Pinsel
Nadel, dünne Schnur
Draht (1 mm stark)
Kombizange
Rundzange
Rundholz ⌀ 10 mm

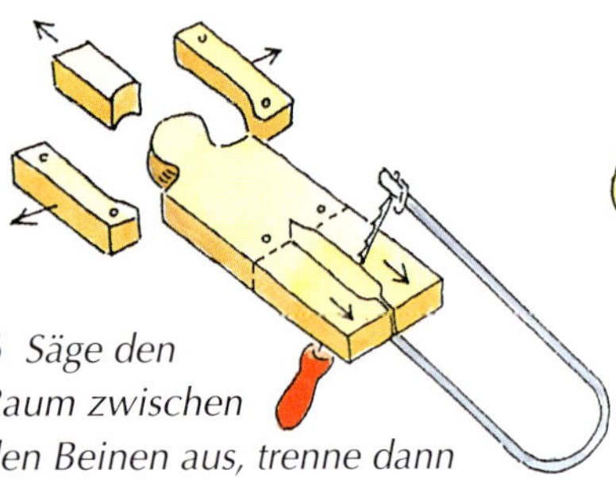

3 *Säge den Raum zwischen den Beinen aus, trenne dann die Beine von der Hose.*

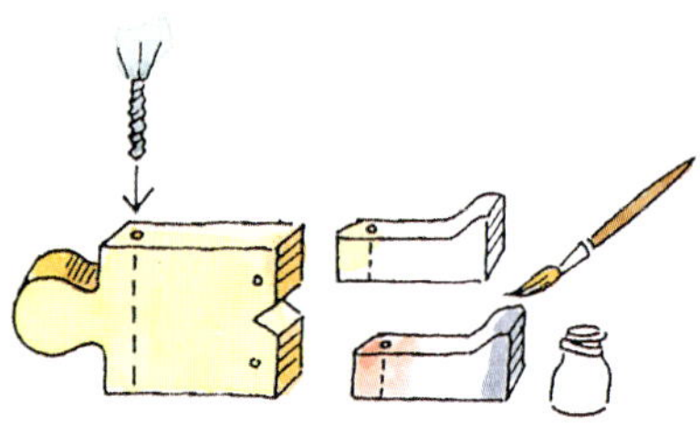

4 *Bohre in Schulterhöhe ein Loch durch den Körper und je ein Loch in jedes Bein (für Dino auch seitlich Löcher in die Füße). Bemale die einzelnen Körperteile.*

5 *Knüpfe Arme und Beine mit Hilfe einer Nadel und dünner Schnur an den Körper.*

6 *Zwicke Drahtstücke von 7 cm, 11 cm, 17 cm Länge ab. Rolle je ein Ende zu einer Schlaufe. Wenn du die längeren Drahtstücke durch die Handlöcher von Enrico und Giuseppe und das kurze durch die Füße von Dino geschoben hast, rollst du auch jeweils das zweite Ende schlaufenförmig ein. Knüpfe Schnüre an die Drahtschlaufen und befestige ihre Enden an einem Rundholz (siehe Foto).*

Flotte Flitzer

Alle drei sind rekordverdächtige Grand-Prix-Anwärter. Wer legt beim Start von einer schrägen Ebene die längste Strecke zurück – ohne einen Tropfen Sprit?

- Leiste 13 x 3,5 x 1,5 cm
- Bleistift
- Zwinge
- Feinsäge, Laubsäge
- Laubsägeblätter (Nr. 6)
- Raspel, Feile, Schleifpapier
- Rundholz ⌀ 16 mm
- Bohrer
- Holzleim
- Dispersionsfarbe, Acryllack
- Pinsel
- 2 Schaschlikhölzer
- 4 kleine Holzperlen
- 4 große Holzperlen (müssen auf Schaschlikhölzer passen)

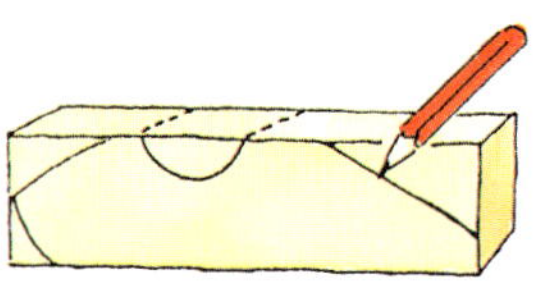

1 *Zeichne die Wagenform auf die Leiste.*

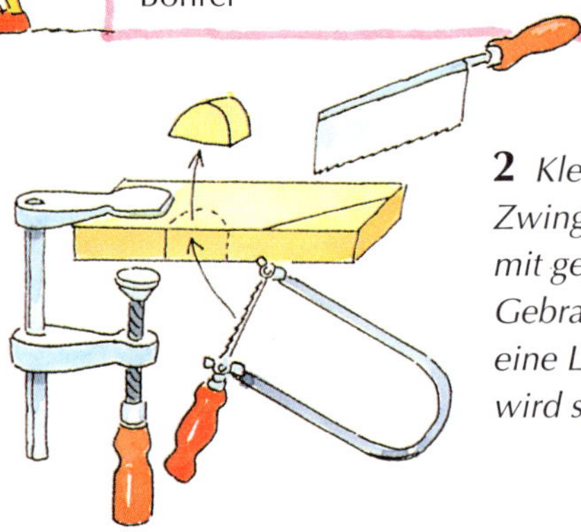

2 *Klemme die Leiste in einer Zwinge fest und säge den Wagen mit geraden Schnitten aus. Gebrauche für den runden Einstieg eine Laubsäge. Dieses Holzstück wird später der Rennfahrerhelm.*

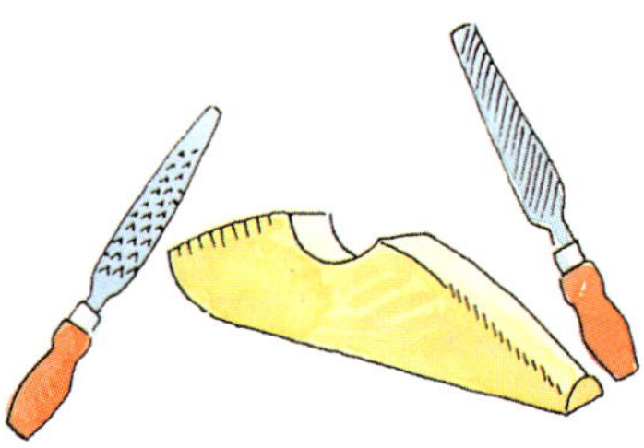

3 *Runde die Kanten mit Raspel und Feile und glätte sie mit Schleifpapier.*

4 *Säge vom Rundholz eine Scheibe in der Breite des Wagens ab und feile eine Stelle flach. Dieses Holzstück wird der Oberkörper des Fahrers.*

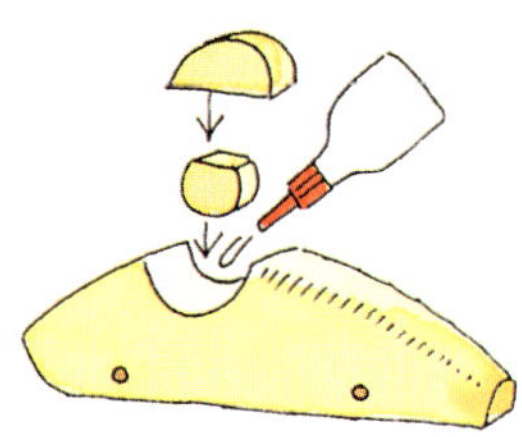

5 *Bohre zwei Löcher durch den Wagen, durch die ein Schaschlikholz gut hindurchpassen sollte. Klebe Helm und Oberkörper mit den flachen Stellen zusammen und setze den Fahrer in den runden Einstieg.*

6 *Grundiere alle Teile mit weißer Dispersionsfarbe und bemale sie dann mit Lackfarben. Stecke Schaschlikhölzer als Achsen durch den Wagen und klebe auf die Enden je eine dicke Holzperle als Rad (A). Sollen deine Flitzer auch beim Kurvenfahren die schnellsten sein, musst du ihr Radlager auswechseln: Die Achsen werden in den Bohrlöchern festgeklebt und die Perlenreifen locker auf die Stangen gesteckt. Kleine aufgeklebte Perlen sichern sie (B).*

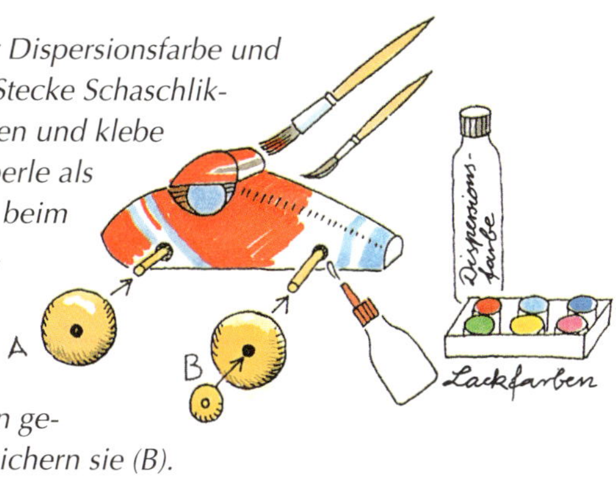

Katze Mimi

Mimi schleckt sich die Pfote und schaut mit ihren grünen Augen zufrieden in die Welt. Weil sie weder Haare verliert noch Schmutz ins Haus trägt, darf sie es sich auch auf Seidenkissen bequem machen.

Genauso können natürlich auch andere Tiere gebaut werden, z. B. Mimis bester Freund, der Hund Rex. Je größer die Tiere werden sollen, umso dicker muss das Holz sein.

1 *Zeichne auf ein Blatt Papier eine Katze.*

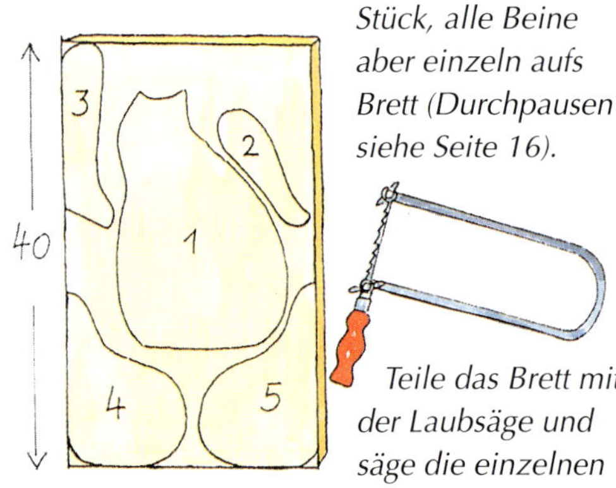

2 *Pause Kopf und Körper in einem Stück, alle Beine aber einzeln aufs Brett (Durchpausen siehe Seite 16).*

Teile das Brett mit der Laubsäge und säge die einzelnen Körperteile aus.

3 *Runde alle Kanten erst mit der Raspel, dann mit der Feile. Glätte sie anschließend mit Schleifpapier.*

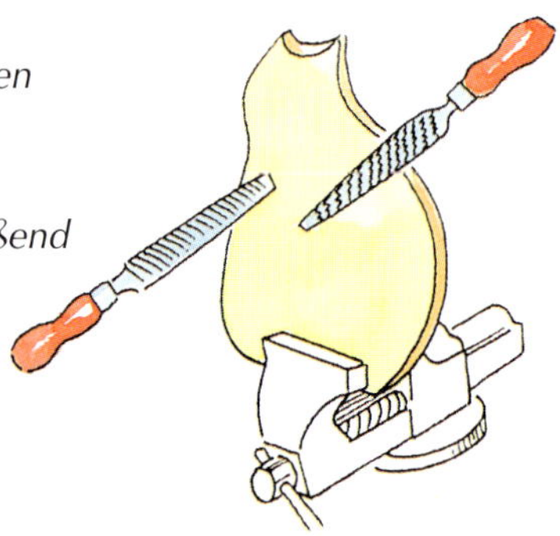

Brett 40 x 20 x 1,5 cm	Holzleim
Schreibpapier, Bleistift	Schraubzwingen
Laubsäge, Sägeblätter (Nr. 6-8)	2 Holzbretter
Raspel, Halbrundfeile	Dispersionsfarben
Schleifpapier	Pinsel

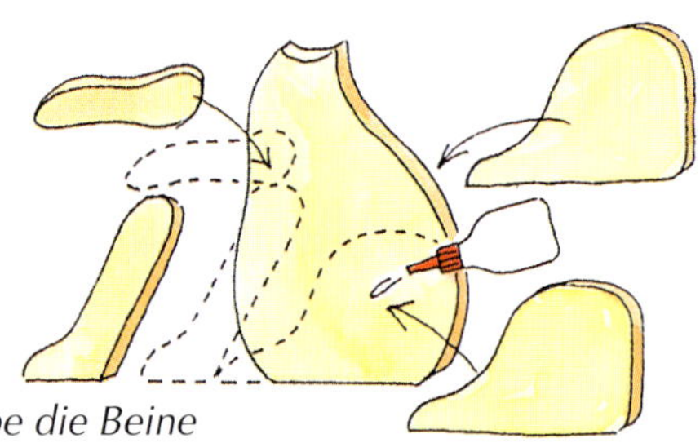

4 *Klebe die Beine von beiden Seiten an den Körper. Achte darauf, dass Hinterbeine und Körper unten bündig abschließen, sonst kippt das Tier!*

5 *Zwischen zwei Brettern werden alle Teile mit Schraubzwingen so lange zusammengedrückt, bis der Leim getrocknet ist.*

6 *Bemale die Katze mit Dispersionsfarbe.*

Engel-Kling-Klang

Wenn es am 24. Dezember endlich dunkel wird, hat er im Weihnachtszimmer seinen Auftritt: Der Glöckchenengel läutet die Bescherung ein!

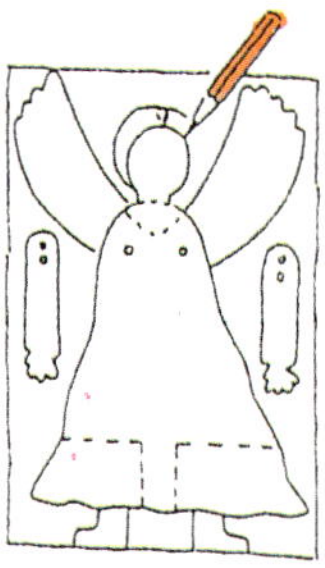

Zeichne den Umriss des Engels auf ein Blatt Papier. Die Arme werden extra gezeichnet.

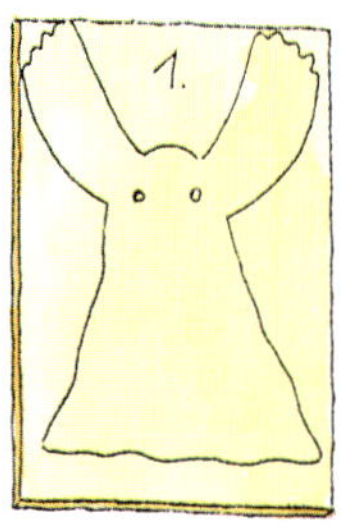

2 *Pause das Kleid mit beiden Flügeln auf ein Sperrholzbrett durch (Durchpausen siehe Seite 16).*

Auf ein zweites Brett paust du nur das Kleid, dann sägst du alles aus.

3 *Pause auf den Rest der Sperrholzbretter die Arme, den Kopf mit Hals und die Füße mit etwas Rock. Säge die Teile aus.*

4 *Bohre je 2 Löcher in das Kleid und in den Körper mit den Flügeln sowie je 2 in jeden Arm und 1 Loch in den Kopf. Vergrößere die unteren Löcher in den Armen mit dem Spitzbohrer.*

5 *Leime kurze Rundholzstücke in die Löcher der Körperform und klebe Kopf und Fußteile auf.*

Blatt Papier DIN A4
Bleistift
2 Sperrholzbretter, 6 mm stark
Laubsäge
Laubsägeblätter (Nr. 4)
Spitzbohrer, Zwinge
Bohrer ⌀ 4 mm
Rundholz ⌀ 4 mm
Holzleim, Schnur
Dispersionsfarbe
Pinsel, Glimmer
2 Glöckchen

6 *Binde die Arme in den oberen Löchern locker zusammen. Lass ein Ende der Schnur lang herunterhängen. Stecke die Arme mit den unteren Löchern auf die Rundhölzer. Klebe darüber das Kleid.*

7 *Säge überstehende Rundholzstücke ab und bemale den Engel mit Dispersionsfarbe. Male auf die getrocknete Farbe mit Leim ein Muster und streue Glimmer darüber. An jeden Arm hängst du dem Engel ein Glöckchen.*

Dufte Kerle

Pfeife rauchend und in ihren neuen Winterpullovern gehen die beiden Freunde aus der Holzwerkstatt im Schnee spazieren. Sie rauchen ein ganz besonderes Kraut: In der Weihnachtszeit riecht es nach Tanne und Zimt aus ihren Pfeifen, am Dreikönigstag nach Weihrauch und Myrre oder Sandelholz.

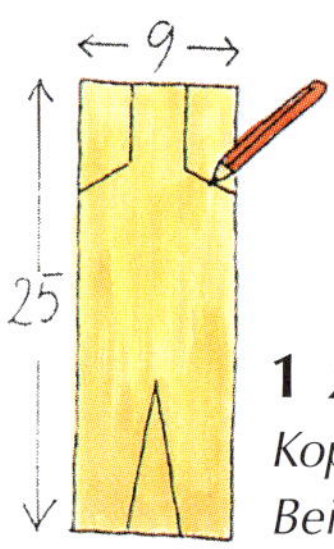

1 *Zeichne auf das Brett Kopf, Schulter und die Beine bis etwa Kniehöhe.*

2 *Säge die Form mit geraden und schrägen Schnitten aus. Die Reststücke von Kopf und Schulter bilden später die Schuhe.*

Brett 25 x 9 x 2,5 cm, Bleistift
Vierkantleiste 25 x 3 x 3 cm
2 Rundholzscheiben (∅ 6 u. 12 cm)
Rundholzstange ∅ 8 mm, Länge 20 cm
Rundholzstange ∅ 4 mm, Länge 4 cm
Bohrer (∅ 4 u. 8 mm)
Feinsäge, Holzraspel
Halbrundfeile
Zwinge oder Schraubstock
Schleifpapier, Holzleim
Dispersionsfarben, Pinsel
Flaschenschraubverschluss
Duftkegel, Pfennigstück

3 *Runde alle Kanten erst mit der Raspel, dann mit der Halbrundfeile und dem Schleifpapier.*

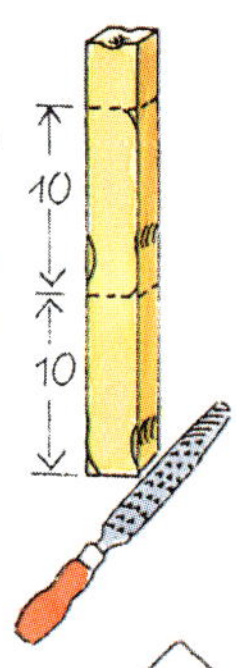

4 *Säge aus einer Vierkantleiste zwei Armstücke. Feile und schleife die Kanten rund. Forme mit der Feile die Hände. Das verbleibende Stück wird der Hut.*

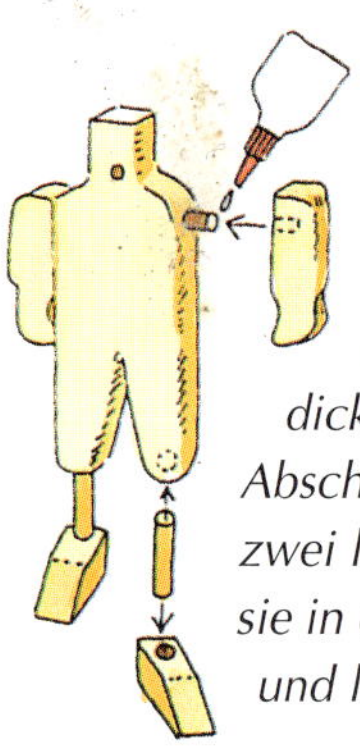

5 *Bohre in die Schultern, in die Beine und in die Schuhe je ein Loch (∅ 8 mm). In Mundhöhe bohrst du ein kleines Loch (∅ 4 mm). Säge vom dicken Rundholz zwei kurze Abschnitte für die Arme und zwei längere für die Beine. Klebe sie in die Bohrlöcher im Körper und leime Arme und Schuhe fest.*

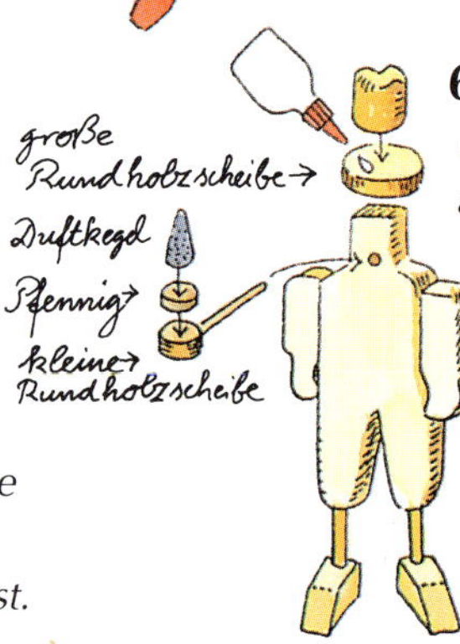

6 *Leime auf den Kopf die große Rundholzscheibe und darauf das abgerundete Leistenstück als Hut. Bohre in die kleine Rundholzscheibe seitlich ein 4 mm großes Loch, klebe als Pfeifenstiel ein Stück Rundholz (∅ 4 mm) hinein und leime es in die Mundöffnung. Bemale die Figur mit Dispersionsfarben.*

Ute und Tilman Michalski können auf viele Jahre gemeinsamer Publikationen im Bereich Kinderbeschäftigung zurückblicken. Das Ehepaar lernte sich während des Studiums an der Graphischen Akademie in München kennen. Während er als freier Illustrator für Verlage im Erwachsenen-, Kinder- und Jugendbuchbereich arbeitet, unterrichtet sie Kunsterziehung und Werken an einer Schule zur individuellen Sprachförderung und leitet ein Atelier an der »Schule der Phantasie«.
Mit ihren Bastelbeispielen wollen Ute und Tilman Michalski die Phantasie der Kinder anregen. Nicht schablonenhaftes Nachmachen ist dabei ihr Anliegen, sondern sie wollen den Kindern Mut machen zu eigenen Versuchen. Sie wissen um die Bedeutung des Erfolgserlebnisses bei schöpferischer Betätigung und geben deshalb fachkundige Hilfestellung in Wort und Bild beim Umgang mit den verschiedensten Materialien.